햇살 같은 웃음

시에시집 **024**

햇살 같은 웃음

김형숙 엮음

詩와에세이

엮은이의 말

처음에는 그저 무작정 시집을 펼쳤습니다. 그리고 그다음 해에도, 또 그다음 해에도 우리는 선택한 시집을 함께 읽었습니다. 시를 읽으며 마음의 창을 열고 서로의 이야기에 귀 기울였습니다.

시는 마음을 비추는 거울이자 삶을 회복시키는 따뜻한 언어였습니다. 한 편의 시가 어느새 우리의 위로가 되고 희망이 되었습니다.

이 시집은 장애인들과 함께한 시 읽기 수업의 결실입니다. 함께 마음의 창을 열고 용기를 북돋으며, 스스로 쓸 수 있는 힘을 길러온 여정이었습니다. 그 과정에서 피어난 용기와 감동이 이 책 속에 고스란히 담겨 있습니다.

서툰 문장 속에도 진심이 흐릅니다. 그 진심은 시가 되어 우리를 미소 짓게 했습니다. 이것은 우리들의 소중한 순간들의 기록입니다. 세상의 모든 '다름'이 아름다움이 될 수 있음을 보여주는 작은 증거입니다.

이 시집이 또 다른 누군가의 마음에도 잔잔한 울림이 되기를 바랍니다. 함께 시를 나눌 수 있도록 지원해 주신 경상북도교육청 칠곡도서관과 칠곡군장애인종합복지관 관계자 여러분께 깊이 감사드립니다.

2025년 12월
엮은이 김형숙

차례__

엮은이의 말 · 04

강인회
생일 · 13
만추 · 14

김성년
아내 · 19
호박꽃 · 20
마음 다금질 · 21
뿔났는가 · 22
우리 · 23
사랑의 위로 · 24
햇살 같은 웃음으로 · 25
첫걸음, 사랑의 박수 · 26

김옥필
장마 · 31
보름달 · 32
내가 걸어온 길 · 33
치료 중이다 · 34
한집에 사는 사람 · 35
아들 장가가는 날 · 36
엄마와의 추억 · 38
아버지 · 40
똑딱이 머리핀 · 42

배구철
코스모스 · 45
오솔길 · 46
감나무 · 47
나의 선생님 · 48
나의 삶 · 50

송달막

우리 엄마 · 53
시 공부하는 날 · 54
비 · 55
소중한 인연 · 56
대경선 · 58
대추 · 60
추석 · 61

이민석

블랙홀 · 65
길 · 66
잠시 지나치는 정거장 · 68

이상봉

밤 풍경 · 73
나 · 74
호박에게서 배우는 삶의 지혜 · 75
낚시터 · 76
꿈 · 78
옛 친구에게 · 79

현재숙
거미 · 83
감나무 · 84
부부 · 85
호박 · 86
연극 연습하는 중이다 · 87
휴대폰 · 88
사랑 · 89
무료 급식 · 90
수술 · 91
추석 · 92

김선옥 활동지원사
동행 · 95
보름달 · 96

안귀향 활동지원사
작은 들국화 · 99
자전거 타고 출산하러 간 날 · 100
귀성길 · 103

이경희 활동지원사
손녀 · 107
엄마 · 108

박제광 작곡
강인회 _만추 · 112
김성년 _아내 · 114
김옥필 _내가 걸어온 길 · 116
배구철 _나의 삶 · 118
송달막 _비 · 120
이민석 _길 · 122
현재숙 _거미 · 124
안귀향 활동지원사 _작은 들국화 · 126

강인회

생일
만추

생일

손자가 운동화를 사줬다
발이 편하니 종일 걸어 다녀도
피곤함이 없고 날아가는 마음이다

딸이 보리건빵을 한 박스 사줬다
건빵을 먹으니 종일 밥을 먹지 않아도
배가 부르다

사랑이 밥인가 보다
보이지 않아도 사랑하는 마음은 똑같다

언제나 한결같은 마음으로
부족한 나의 마음을 먼저
챙겨 주는 아들딸들

늘 사랑받고 있는 나는
행복하다

만추

마음이 답답해서
들에 나가 보자

지팡이를 잡고 들판을 걸어가니
가을 햇살은 따뜻하고
살랑살랑 바람은 시원하다

들판에 오곡이 무르익어 황금빛 물결
감나무에는 빨간 감이 주렁주렁
비록 볼 수는 없지만
마음은 풍요롭다

우리 논에 앉아 벼 이삭을 만지니
모내기한 게 엊그제 같은데
며칠 후면 추수의 기쁨에
마음 한가득 행복이 차오르리라

이 가을, 살아 있음에

행복하고 즐겁다

김성년

아내
호박꽃
마음 다금질
뿔났는가
우리
사랑의 위로
햇살 같은 웃음으로
첫걸음, 사랑의 박수

아내

내 삶에
하나가 되어주는 그대가 있어
참 다행입니다

한숨지으면
한숨짓는 대로
웃으면
웃는 대로

물어보지 않아도 느끼고
보지 않아도 마음이 닿는 사람

그대가 곁에 있음에
참으로 행복합니다
나는

호박꽃

부엌에서 나오신 어머니
거름자리에 구정물 버리신다

두엄 위에 초록 싹이 돋아
울타리와 담장을 덮는다

활짝 핀 노란 호박꽃은
내 가슴에도 활짝 피어
노랗게 물든다

씨 뿌린 기억도 없다는
어머니의 말씀 귓가에 맴돈다

마음 다금질

매일 한 시간씩 근력 운동과 사우나
가벼운 스트레칭으로
마음 다잡으며
중력과 힘겨루기 한다

식사와 운동량 줄이기
온갖 유혹
넘어가지 않은 채
오늘도 쇳덩어리 들며 전투태세다
알통 키우며 스스로를 증명하는
활기찬 아침

뿔났는가

춥다고 옷깃 여미니
에어컨 빵빵 틀고

더워서 못살겠다고 신음하면
장작불 활활 지피고

순리에 어긋나는
행동과 행위에
뿔났는가?

하늘도

우리

살아온 길 되돌아보며
좋은 일만 기억해요
우리

하루하루 살아 있음에
고맙고 감사해요
당신

이 모든 것을 떠올리면
마음이 울컥해요
나는

사랑의 위로

조용히 퍼주는 따뜻한 밥과
소박한 국 한 그릇
그 안에 정성과 마음을 더한
사랑이 담겨 있습니다

허기진 배보다
지친 마음을 안아주는
이 밥상은
세상에서 가장 따뜻한
사랑 내음이 넘치는 위로입니다

햇살 같은 웃음으로

몸은 부서졌어도
내 뜻은 꺾이지 않았다

고통 속에서도
나는 걸었다

남들 눈엔 멈춤 같아도
나는 내 안의 빛을 키웠다

언젠가
햇살 같은 웃음으로
내 삶을 다시 피우리라

나는 아직
진행 중이다

첫걸음, 사랑의 박수

아장아장, 두 발을 떼며
작은 발끝이 세상을 배웁니다

흔들흔들, 그 용기마저도
봄날 햇살처럼 따뜻하구나

할아버지 두 손 가득 박수 소리
"잘 한다 우리 예준이!"
그 소리에 웃음꽃 활짝 피우는 너
입가에 번지는 선한 미소,
그 자체로 한 송이 천사의 빛

넘어져도 괜찮아, 뒤뚱뒤뚱 걸으며 웃는
너의 순수하고 선한 웃음은
온 집안을 비추는 달빛 같아서,
우리들이 모두
늘 사랑의 박수를 쳐주고 있으니

첫돌의 오늘,
너의 걸음은 아름다운 기억이 되고
우리의 마음은 너에게 닿는
가장 순수한 응원이 되리라

김옥필

장마
보름달
내가 걸어온 길
치료 중이다
한집에 사는 사람
아들 장가가는 날
엄마와의 추억
아버지
똑딱이 머리핀

장마

해바라기 꽃이 줄을 서서
햇살을 기다리듯
우산을 든 연인들도 줄을 서서
햇살을 기다리네

보름달

추석, 대구 친정집에 갔다가
집에 들어가기 전에
보름달을 찾아보았다
보이지 않았다

솟은 아파트 빌딩 사이로
겨우 찾은 달
구름에 가려 희미하게 보였다

남편과 아들
우리 세 사람은 한참 동안
구름에 가린 보름달을 바라보았다

세상이 시끄러우니까
달이 구름 사이로 숨었나 보다

내가 걸어온 길

세상에는
좁은 길이 있고
꼬불꼬불한 길이 있고
보기만 해도 상큼한 오솔길이 있다

나는 어느 길을 닮았을까
어떤 길을 향해 걸어왔을까

어느덧 황혼 무렵
내 길을 되돌아본다

나보다 나를 더 사랑하는 남편이 있고
엄마 같은 여자를 만나고 싶다는
아들이 있으니

내가 걸어온 길은
꽃길입니다

치료 중이다

위용! 위용! 위용!
가슴을 쥐고 고통스러워하는 나를
남편이 119를 불러
구미 강동병원으로 갔다
장이 괴사되어 수술을 해야 하는데
이 병원에서는 못 한단다
또다시 119를 불러 구미차병원으로 갔다
나는 내가 어디가 아파서 고통스러운지도 모른 채
119 타고 집을 떠난 지 여섯 시간 만에
소장을 절제하는 대수술을 받았다
10일이 지나 퇴원하고
이제야 나는 실감한다
음식을 앞에 놓고 마음껏 먹을 수 없는……

지금도 약물 치료 중이다

한집에 사는 사람

마주 앉은 밥상에서
내가 좋아하는 조기구이를 말없이
내밀어주는 사람

세탁기 건조대에서 빨래를 꺼내
접고 있으면 슬머시 다가와
함께 접어주는 사람

피곤하여 잠시 낮잠에 빠져 있을 때
살머시 와서
이불을 덮어주는 사람

당신은 진정으로 내 사람입니다

아들 장가가는 날

유치원 가다 차 놓칠까
작은 두 다리로 달리던 아이가
어느덧 훌쩍 자라 장가를 갑니다

10년의 사랑을 담은 예복을 입고
두 사람의 빛나는 오늘을
사진 속에 담습니다

주고받을 예물 속에
두 사람의 약속을 담으며
아들을 떠나보낼 준비를 하며
기쁨과 서운함이 교차하는
가슴 벅찬 이 순간

비빔국수를 좋아했던 아이
청국장을 끓여 주면
엄지척하는 아이
의젓한 네 모습을 보니

대견스럽고 자랑스럽구나

이제 너 혼자가 아닌
두 사람이 함께하는 삶이니
서로를 소중하게 여기고 배려하며 살아가렴

힘들 때
서로에게 가장 큰 힘이 되어주는
부부가 되길 바란다

엄마와의 추억

엄마는 낚시를 좋아하셨다

아들이 다녔던 초등학교를 지나
유학산을 쪽으로 가면 저수지가 있다

엄마는 남편과 낚시대를 드리우고
지겹다 힘들다 않으시며 조용히 기다리셨다

물이 졸졸 흘러가는 냇가에 발 담그고 앉아
아이처럼 간식 드시며 좋아 웃으셨다

가을에는
냇가에서 주워 온 은행을 씻는 엄마의 얼굴에는
웃음이 떠나지 않았다
은행을 구워 먹을 생각에 그저 좋으셨던가 보다

김밥과 과일을 드시며
내년에도 은행을 씻자고 하셨는데

지금 그 자리에서
남편이 혼자 은행을 씻고 있다

이 모습을 하늘에서 보시며
내가 좀 씻어줄까? 하실 것만 같다

아버지

 내 어릴 적 집 뒤쪽에는 커다란 감나무 한 그루 있었습니다 감꽃이 피는 계절이 오면 새벽 운동을 나가셨던 아버지는 한 바구니 가득 감꽃을 주워 오시곤 했죠 아버지가 마루 끝에 놓아두신 감꽃으로 언니와 나는 감꽃 목걸이를 만들며 놀았습니다

 아버지는 우리 형제들에게 각자 토끼 한 마리씩을 맡겨 기르게 하셨습니다 그리고 다람쥐 집을 지어 다람쥐를 키우게 하셨죠 어느 날 구경 온 친구가 문을 열어주는 바람에 다람쥐가 달아나 버렸습니다

 다람쥐를 찾던 나는 놀라운 광경을 목격했습니다 다람쥐가 대추나무 위에서 대추를 따서 과육은 버리고 씨앗 속에 있는 하얀 속살만을 파먹고 있었던 겁니다 우리는 다람쥐를 다시 잡기 위해 구운 옥수수를 징검다리처럼 놓아 집까지 유인했고 다람쥐는 결국 제 발로 집으로 돌아왔습니다

 동물을 키우는 즐거움을 넘어 살아가는 생명을 돌보는 경험

을 통해 책임감을 길러주려 하신 아버지의 마음을 이제 알겠습니다

똑딱이 머리핀

곱게 빗질한 소녀의 머리에
꽂혀 있는 머리핀
똑~딱~

단발머리 소녀가 긴 머리 여인이 되어
멋진 남자의 아내가 되고
눈이 예쁜 아이의 엄마가 되었네

세월이 흘러 검던 머리카락은
흰 파뿌리가 되어
들어 올린 머리에
예쁜 똑딱이 핀을 꽂고
지난날을 생각하네
똑~딱~

배구철

코스모스
오솔길
감나무
나의 선생님
나의 삶

코스모스

길을 걷다가 우연히 보았네
분홍빛 코스모스
바람에 한들한들
내 마음도
분홍빛처럼 한들한들

오솔길

산길을 걸어가니
오솔길이 나왔다
한참을 걸어가니
아무도 없다

외로운 길이다

삭막한 오솔길은
정적만이 흘러 무서움이 탄다
가도 가도 끝이 보이지 않는 길
여기서 어디로 더 가야 하나

감나무

우리 집에 큰 감나무가 있었다

가을이 되면
홍시가 열려 좋기도 했지만
감잎을 쓸어야 할 때는 너무 싫었다

어느 해는 감나무에
감이 많이 열리지 않았다

감나무는 잎이 다 떨어지면 춥지 않을까
바람과 눈보라를 맞으며 겨울을 어떻게 날까

어린 나이에
무척 궁금했었던 날이 있었다

나의 선생님

어느덧 8년이란 세월이 흘렀다

우연이면 우연이고
인연이면 인연이다

정말 좋은 분인데
'그만 둔다' 하니
내 마음이 섭섭하고
다시는 못 볼 것 같은 느낌이다

아무리 둘러봐도
더 좋은 선생님은 없는 것 같다

마음씨도 곱고
시 낭송할 때마다
내 마음이 감동 받아
입가에 미소가 머문다

전화 한 번 넣어봐야지

나의 삶

내가 태어난 천고마비의 계절
어느새 덧없이 흘러간 내 청춘

그 많던 가족들도
내 건강으로 무소식 되어버렸네

황혼을 바라보는 이 나이
너무나 힘든 인생
어느덧 강산도 두 번 변해버렸네

지금 이 순간
더도 말고 덜도 말고
나의 삶이 무탈하게
물 흐르듯 구름 흐르듯
흘러갔으면 좋겠네

마지막 바람 하나
보이는 세상을 즐기고 싶네

송달막

우리 엄마
시 공부하는 날
비
소중한 인연
대경선
대추
추석

우리 엄마

다른 엄마들은
아무개야
크게 부르지만

우리 엄마는
이름도 부르지 않고 항상
아가
아가

조용하시고
얌전한 어른이시다

시 공부하는 날

오늘은 복지관 시 공부하는 날

복지관 시 공부도 재미있지만
우리 선생님 상냥한 모습으로
더욱 더 밝게 해주시니까
더 가고 싶다

시 수업하러 가면
웃는 얼굴로 서로 소통하면서
정담을 나누니 참 좋다

복지관 8주년 차 생일이라
공짜 밥을 줘서 맛있게 잘 먹었다

비

비가 오면
어머니 생각이 더 난다

어머니는 비가 오면
―비가 오신다
―비가 오실런지 삭신이 아프다
이렇게 말을 하신다
어머니는 비한테도 존중하신다

어머니는
남을 미워할 줄도 모르고
누구의 흉을 볼 줄도 모르신다

오늘은 더 보고 싶고 그립다
사랑합니다 어머니

소중한 인연

거리에 나서면 좋은 사람이 너무 많다
특히 왜관 사람들이 좋다

전동 스쿠터를 타고 왜관시장에서 차를 비켜주다가
넘어져서 전동차 밖으로 튕겨나가고
모자와 가방이 땅에 떨어졌다

누가 사람 있으면 도와주세요
─할머니 괜찮아요? 119 불러 드릴까요?
아니 괜찮아요 고마워요 학생

뛰어온 학생은 가지도 않고
내 모자와 가방을 주워들고 서서 부축해 주었다
너무너무 고마워서 뭐라도 사 먹으라며
돈 만 원을 주었더니 절대 받지 않았다

그 학생은 다음에 꼭 큰 사람이 될 거야
왜관 사람들이 좋다

어린 학생도 좋다

대경선

왜관에 대경선이 생겨서 너무 좋다
구미에서 경산까지이다

나도 타고 싶어서 대경선을 탔는데
이리저리 둘러봐도
사람이 너무 많아
앉을 자리가 없었다

다리가 아파서
어쩌지 하고 서 있으니까
어떤 새댁이 자리를 양보해 주었다

―새댁 너무 고마워요
천사같이 보여서 내내 가면서
그 새댁을 보고 또 보았다

지금도 그 새댁 생각이 많이 난다
내 아이들한테도 그분처럼

착한 사람이 되라고 했다

대추

텃밭에다
삼 년 전에 대추나무를 심었다

올해
드디어 왕대추가
주렁주렁 열렸다

내가 심은 나무에서
대추를 따먹으니
더
달고 맛있다

추석

그렇게도 무더웠던 날씨
어느새 시원해지며
변함없이 추석이 찾아왔다

아들 며느리
손자 손녀가 와서
아이들의 웃음소리가 가득하니
사람 사는 집 같다

나는 감기에 걸려
갈비도 잡채도
먹지 못했다

이민석

블랙홀
길
잠시 지나치는 정거장

블랙홀

눈을 감았다
배 위에 손 올리니 미끄러져
잡힐 것 하나 없었다
아, 그래 나 자려고 했지

눈 감으면
생각지도 상상하지도 않은 공감대에서
발신도 수신도 없는 초대장을 받는다
가슴은 화려함에 뛰어들고 싶었지만
어둠에서 빛나는 별들은
시작도 끝도 정해지지 않은 우주로 여행 중이니
너무 멀어 돌아갈 수 없다
아마도 블랙홀에 빠진 것이다

길

길에는 주인이 없답니다
나는 오늘
길의 주인이 되어 걸어갑니다

한 발짝씩 옮길 때마다
머리에 피어오르는 욕심
마음속 싹트는 사랑의 씨앗을
두 다리에 매달아 걷고 있습니다

시간과 공간 속 길을 따라
나 자신만의 바람과 욕망에 매달려
시작과 끝도 없는 길을 걸어갑니다

잠시 걸음을 멈추어
같이 걷고 있는 누군가를 찾아봅니다
아무도 보이지 않습니다

그러나 같이 걸어온 누군가도

나와 보폭을 맞추는 듯합니다
길의 주인이 되어 함께 걸어갑니다

잠시 지나치는 정거장

빈 시공간, 생각이 응축된다
부서진 현재를
조각조각 붙여가는 거리
검열된 신문처럼
삼켜버린 정거장

시적 문체로 기억의 현실과 허구를 넘나들며
깊고 섬세한 언어로
심장을 흔들고 생각에 빠진다
맞추지 못한 퍼즐 조각인 양
흩어진 정거장

웅성웅성, 때맞춘 군무처럼
살아 움직이고
각자의 몸속에 닻을 내린 이정표같이
사적인 경계를 넘어
공통 영역의 정거장

오직 기억만이 과거와 미래를 방문한다
'인간으로부터 오고 있는 오래된
존재'임을 재생시키는 기억이 아닐까

미래의 꼬리와 과거의 꼬리
밧줄로 묶인 정거장

이상봉

밤 풍경
나
호박에게서 배우는 삶의 지혜
낚시터
꿈
옛 친구에게

밤 풍경

한 잔의 커피 향 피우며
버스 정류장에서 배웅하던 날
버스 타고 멀리 떠나는 그대 뒷모습에서
다짐했지요

벤치에 앉아 별을 보니
부부 인연으로 살아온 날들
긴 여정 속 삶들이
스쳐갑니다

밤 풍경의 아름다운 별빛 뒷모습
웃고 울던 긴 시간 속
생각해 봅니다

행복했었다고

나

밥을 먹을 때도
길을 걸을 때도
나를 괴롭히는 것은
다름 아닌 나 자신입니다
내가 괴롭고 힘든 것은 바로
나 때문입니다

우리는 이렇게 나에 걸려서 넘어집니다
나를 제대로 알면 나를 이길 수 있습니다
내가 누구인지를 깨닫게 되면
자유로워집니다

머리를 들어 산을 보면 자연에서 꽃이 되어
나를 보며 웃음을 줍니다

호박에게서 배우는 삶의 지혜

　호박은 그 생명력이 참으로 강하다 뜨거운 햇볕 아래 물을 주지 않아도 꿋꿋이 자라납니다

　작을 때는 내 주먹만 한 크기로 따서 삶아 먹고 볶아 먹는 즐거움을 주지요 그러나 그대로 두면 어른 머리보다 더 큰 귀한 대접을 받는 늙은 호박이 됩니다 그뿐인가요 충실한 씨앗은 다시 새로운 생명을 틔워 우리 식탁에 오르지 않던가요

　호박이 우리에게 주는 메시지는 마치 아낌없이 주는 나무 같습니다 부드러운 호박잎을 내어주고 나이 들어가는 우리에게 늙은 호박을 선물하고 그 속에 씨앗까지 나누어 줍니다 호박은 쉼 없이 베풀고 스스로를 다 바쳐가며 우리를 풍요롭게 해줍니다 그 모습에서 진정한 나눔과 성숙의 의미를 되새겨 봅니다

낚시터

세월을 낚는 고요한 낚시터
낚싯대를 몇 대 설치하고 말없이 기다린다

물결 속에서 잉어가 오라고 손짓한다
그 아름다운 잉어를 따라간다

잔물결이 이는 피라미의 터를 지나
넓고 싱싱하며 고즈넉한,
예쁜 정원 같은 잉어의 보금자리에 도착한다

―너는 높은 건물도 번호표도 필요 없는
 평화가 깊은 곳에 사는구나

그 평온함에
잠시 눈을 감았다 뜬다

긴 꿈을 꾸었는지
문득

배가 고프다

꿈

조용한 시골에 작은 집 하나 정갈히 짓고 싶네
아내의 웃음 같은 무화과나무
넉넉한 감나무와 대추나무를 나란히 심고
그 곁 작은 텃밭에는
아삭한 상추와 매운 고추를
내 손으로 심으리

흙내음 섞인 풀 내음이
이 아침을 감싸네
두 가지 색을 곱게 섞은 예쁜 줄장미
넝쿨을 타고 하늘로 오르게 하고
순백의 흰 국화 환한 노랑 국화를 곁들여 심으리

처마 끝에 떨어지는 빗줄기 소리
고요를 깨우는 아침 새들의 지저귐을 들으며
그 꽃잎 사이로 스미는 시간을 마주하며
욕심 없이 흐르는 세월 속에 살고 싶네

옛 친구에게

친구여
이게 얼마만인가
광주가 그리 멀지도 않은 곳을

친구여
결혼하고 아이 낳아 키우고 살다 보니
나를 위한 시간은 참 없었다네

친구여
이십 대의 고운 얼굴은 어디가고
얼굴엔 주름이 자리 잡고
머리엔 흰 눈이 소복하네

친구여
고운 마음 그대로 간직하고 있어줘서
고맙네

현재숙

거미
감나무
부부
호박
연극 연습하는 중이다
휴대폰
사랑
무료 급식
수술
추석

거미

나는 지금
한 마리의 거미가 되어
고추밭에 줄을 쳐 놓았다

산에서 내려오는
물소리와 바람 소리가
내 마음을 적신다

하늘에서 맑은 구름이
나를 보면서
밝게 활짝 웃고 있다

나는 지금
한 마리의 거미가 되어
고추밭에서 춤을 춘다

감나무

우리 집 앞마당에
감나무 한 그루 서 있다

봄에 노란 감꽃이 피면
마당에 나풀나풀 떨어진다

가을에는 감이 익어
주홍으로 물든다

찬바람이 불면
주렁주렁 달린 감이
한 개씩 마당으로 떨어진다

폭삭
똥개가 달려온다

부부

칼로 물 베기다
서로 싸우다가도
금방 풀어진다
서로 양보도 하고
또 서로 도와주면서 산다
그것이 진정한
부부다

호박

봄에는 호박꽃 피고
여름에는 호박이 주렁주렁
가을에는 호박이 누렇게 익는다

겨울에
누런 호박을 잘라 씨를 발라
호박죽을 끓였다

남편과 맛있게 먹었다

연극 연습하는 중이다

나는 지금
복지관 은행나무실에서
연극 연습하는 중이다
그런데 연극 대본이 너무 어려웠다

11월 말쯤에는
사람들이 많이 있는 자리에서
공연을 한다고 한다

나는 연극 대본을 열심히 연습하는 중이다
연극 공연을 잘 할 수 있겠다고
다짐하는 중이다

휴대폰

나에게 휴대폰이란
없어서는 안 될 소중한 물건이다

나는 지금 휴대폰에서 유투브를 보고 있다
우리 인생 이야기나 뉴스도 보고
또 성경 말씀과 복음 성가도 부르고
런닝머신 할 때는
가요도 따라 부른다

나에게 휴대폰이란
없어서는 안 될 소중한 물건이다

사랑

사랑이란 무엇인가
사랑은 모든 것을 견디는 것이다
사랑은 감사이다
또 사랑은 주는 것이다
사랑은 남에게 베푸는 것이다
사랑을 하면 늘 행복하다

무료 급식

오늘은 장애인복지관 8주년이다
점심에는 무료로 급식을 한다고 한다
줄을 서서 음식을 차례대로 기다린다
옹기종기 모여 앉아서
맛있는 점심을 먹는다
모두모두 행복한 얼굴이다

수술

9월 11일 오전 10시 30분
어깨 심 빼기와 팔목 심 빼는
수술을 받았다
수술실에 들어가니 너무 무서웠다
순간 나는 너무 두려워서
하나님께 기도를 드렸다
―두려움 없이 마음 편하게 해주시옵소서
마음이 편안하게
수술이 무사히 끝났다

추석

추석엔 가족이 모여
조상께 차례를 지낸다

차례를 지내고 나면
맛있는 음식도 먹고
가족들과 이런저런 이야기를 한다

한 해 농사도 잘되어
감사한 마음으로 살겠다고
다짐한다

김선옥 활동지원사

동행
보름달

동행

나의 삶에
눈이 보이지 않는 분을 만났다

나의 도움 없이는 할 수 없는 분
당신의 몸을 맘대로 할 수가 없어
불만을 표현하기도 하지만
대화와 소통으로
하루하루 시간을 보낸다

자연의 이치가 그렇듯이
나 역시 건강한 마음으로
천천히 나란히
같이 걸어가고 싶다

보름달

들판에는 황금빛
풍성한 대지의 힘

해 지면 암흑 같은 어둠
더 선명하게 비춰주는 달빛

넉넉하고 환한 미소로
얼어붙은 마음을 녹여주는
둥근 속삭임

안귀향 활동지원사

작은 들국화
자전거 타고 출산하러 간 날
귀성길

작은 들국화

아침 이슬 머금고
조용히 눈 뜨는
작은 들국화

바람결에 몸을 맡겨
향기를 띄워 보내니
세상은 아름다운 노래로 가득하네

나의 향기도
세상에 뿌려
작은 행복을 전하고 싶어라

자전거 타고 출산하러 간 날

하늘은 푸르렀고
햇살은 쨍했지
나는 페달을 밟았네
만삭의 몸으로

그날은 어김없이
자전거에 올랐지
배 속의 너는
폭풍 전야처럼 고요했네

―엄마, 배가 이상해요
두근거리는 마음으로 말했더니
엄마는 병원에 가보라 했지
나는 다시 페달을 밟았네

병원 문을 나서는데
갑자기 터지는 물줄기
―아, 올 것이 왔구나

다시 자전거에 올랐네
집으로 가는 길
페달은 더 묵직했고
가슴은 벅차올랐지
어서 너를 만나고 싶었네

―엄마, 양수가 터졌어요
엄마는 담담하게
―어서 가자, 큰 병원으로
나를 안심시켰지
대구로 가는 차 안
진통은 거세지고
너를 만날 기대감에
아픔도 잊었네
마침내 너를 품에 안았을 때
세상은 멈춘 듯 고요했고
너의 작은 숨결에
내 모든 것이 녹아내렸네

자전거를 타고
너를 만나러 가던 그날
세상 가장 아름다운 여행의
시작이었네

귀성길

설레는 마음 가득 안고
떠나는 여행길

곳곳에 퍼붓는 빗줄기
빗줄기처럼 빽빽한 차들

주차장 같은 고속도로여도
보고픈 얼굴 떠올리면

내 몸은 이미 훨훨
하늘을 날아 고향으로 가 있네

설레는 마음 가득 안고
떠나는 여행길

이경희 활동지원사

손녀
엄마

손녀

하얀 포대기에 싸여
내게로 왔다
하늘이 준 선물처럼
눈물이 난다, 기쁘다

뽀얀 솜사탕 같은 얼굴
까만 눈은 별사탕
천사가 따로 없다
아니 천사다

꼼지락거리는 손이
내 손을 만진다

순간, 가슴이 쿵쾅거리며
저 밑에서 울컥하며
벅찬 기쁨이 밀려온다

아들을 낳았을 때처럼

엄마

엄마!
불러도 이제는 대답이 없다
95년이란 긴 세월 동안 내 곁에 계셨는데

─야 야 설거지 내가 하꾸마
─세탁기는 돌렸나?
─빨래는 내가 널어 주꾸마
─어여 일 가거라
재촉을 하시며
손에서 일을 놓지 못하는 울엄마

─엄마! 사는 거 지겁지 않나?
나의 이 못된 말도 삼키시고
빙그레 웃으며 하시던 말
─세월 금방 간다 금방이데이
방바닥에 머리카락을 주우신다

보고 싶은 울 엄마

엄마!
불러도 이제는 대답이 없다

박제광 작곡

강인회 _만추
김성년 _아내
김옥필 _내가 걸어온 길
배구철 _나의 삶
송달막 _비
이민석 _길
현재숙 _거미
안귀향 활동지원사 _작은 들국화

비

거미

시 현재숙, 곡 박제광

햇살 같은 웃음

2025년 12월 5일 초판 1쇄 펴냄

엮은이 _ 김형숙
펴낸이 _ 양문규
펴낸곳 _ 詩와에세이

신고번호 _ 제2017-000025호
주　　소 _ (30021)세종특별자치시 조치원읍 충현로 159, 상가동 107-1호
대표전화 _ (044)863-7652
팩시밀리 _ 0505-116-7653
휴대전화 _ 010-5355-7565
전자우편 _ sie2005@naver.com
공 급 처 _ 한국출판협동조합
주문전화 _ (02)716-5616
팩시밀리 _ (031)944-8234~6

ⓒ 김형숙, 2025
ISBN 979-11-91914-99-3 (03810)

* 지은이와 협의하여 인지는 생략합니다.
* 이 책 내용의 전부 또는 일부를 재사용하려면 반드시 지은이와
  詩와에세이 양측의 동의를 받아야 합니다.
* 책값은 뒤표지에 표시되어 있습니다.